# 사랑할 수 있을 때
# 힘껏 사랑하세요

글·정지홍/일러스트·박아영

하늘사다리

사 /랑 /할 /수 /있 /을 /때 /힘 /껏 /사 /랑 /하 /세 /요

## ABBA COMMUNICATION VISION

하늘사다리는 이 땅에 하나님 나라의
확장을 위해 존재하며 천국의 소망을
이어주는 가교의 역할을 하고자
합니다. 사역의 비젼은 예수문화를
중심으로 하는 출판, 광고, 디자인,
문구팬시, 음악, 이벤트, 유통 등으로
이를 아바 커뮤니케이션
(ABBA COMMUNICATION)
으로 통칭하여 펼치고자 합니다.
주님 오실 그날까지 하늘사다리는
주님을 외칠 것입니다

# 머뭇거릴 시간이 없습니다.

사랑할 수 있다는 행복한 권리를 가지고 있다는 사실이
가슴 뿌듯하게 합니다.
그렇다고해서 사랑이라는 권리를 행사하는 것이
어려운 것만은 아닙니다.
세상살이에 울고 웃는 보통 사람들이라면
누구나 가슴에 품을 수 있고
또 가득 내어 놓을 수 있는 것이 사랑입니다.
하늘과 이 세상을 향했던 사랑도 있습니다.
그분의 사랑의 숨결이 전해질 때면
시들었던 꽃들이 향기를 발하게 되고
빛을 감추었던 하늘의 별들이 세상을 환하게 비추게 되고
도시의 회색벽처럼 차가왔던 나의 마음도
견딜 수 없는 감격으로 녹아지게 됩니다.
그분은 또 이렇게 말씀하십니다.
'내가 너희를 사랑한 것처럼 너희도 사랑하도록 해라'
그분의 말씀대로 사랑하기에도 너무나 짧은 시간이기에
사랑해야 할 일이, 사랑해야 할 곳이 참으로 많습니다.
머뭇거릴 시간이 없습니다.
자, 이제 가십시오.
어느새 의무가 되어버린 사랑의 권리를 행사하기 위하여 · · ·

1995. 1. 혼자만의 공간 속에서　　정지홍

# 차례

# 사랑을 할려면

사랑하는 사람을 만날 수 있다는 기대감은
행복한 꿈을 꾸게한다.
그 사람을 어떤 기회로 만나게 된다면
또 만나게 되어서 사랑을 할려면
몸과 마음을 깨끗게 해야만 한다.
자기 주변이 정리 되지 못한채 사랑을 한다는 것은
미처 깨끗이 하지 못한 일들로 인하여
진심으로 사랑하기에 모자람이 있기 때문이다.
부자 청년에게 하셨던 그분의 요구도
완전하고도 깨끗한 정리였다.
아직도 주변이 너저분한 상태로 사랑을 한다면
이제는 한가지씩 정리하자.
깨끗한 사랑을 하기 위하여.

한 곳을 응시한다는 것은 집중을 한다는 것이다.

사랑을 한다는 것은 그 대상에 집중한다는 것이다.

사랑할 수 있을 때
힘껏 사랑하세요

사랑할 수 있을 때 힘껏 사랑하세요.
어물쩡 거리다가는
사랑하는 이에게 꽃 한송이도 건네지 못하고
휙 – 지나가 버릴 수가 있습니다.
머뭇거리다 지나가는 그 시간은
다시 오지는 않습니다.

사랑할 수 있을 때
힘껏 사랑하세요

할 일이 많아서 무엇을 해야 할 지 모를 때가 있죠.
그렇다고 허둥대며 이 일 저 일을
마구 벌리지만 마세요.
그럴 때는 가장 필요한 일이 무엇인가를 결정하시고
우선순위를 두어 일을 처리하도록 하세요.
그러면 한결 마음이 가볍습니다.

사랑할 수 있을 때
힘껏 사랑하세요

가끔씩 기쁨의 추억을 떠올려 보세요.
첫사랑 만큼 감격적인 것은 없답니다.
또 순수하고 아름답고....
그분의 우리에 대한 첫사랑은
무척이나 감동적이었답니다.

사랑할 수 있을 때
힘껏 사랑하세요

나만의 공간을 만드세요.
묵상하고, 회상하고,
상상할 수 있는 자리를 마련하세요.
아파트 옥상이든, 학교 운동장이든,
교회 모퉁이든...
그곳에서 나만의 자유와 여유를 가지세요.

사랑할 수 있을 때
힘껏 사랑하세요

때때로 혼자 생각하도록 하세요.
바쁜 생활 속에서 정리가 될 수 있는
시간이 될 거예요.
엉망일 때일수록
혼자 생각하는 시간이 많아야 합니다.

사랑할 수 있을 때
힘껏 사랑하세요

너무 조급하게 생각하지 마세요.
초조함은 오늘의 계획을 흔들리게 합니다.
그분의 계획이 흔들림이 없는 것처럼
똑바로 계획표를 보세요.
그리고 그 계획대로 열심히 하세요.

사랑할 수 있을 때
힘껏 사랑하세요

친구를 너무 윽박지르지 마세요.
당신이 윽박지르기 전에
친구는 벌써 자신의 잘못을 알고 있으니까요.
잘못을 알고 있는 사람에게
화를 낸다는 것은 지혜롭지 못한 일입니다.
인내도 사랑의 표현입니다.

사랑할 수 있을 때
힘껏 사랑하세요

아주 바쁠 경우에는
할 수 있을 정도의 일만 하세요.
모두 벌려 놓게 되면
전부 엉망이 되버릴 수가 있습니다.
너무 많은 욕심은 일을 그르치게 됩니다.

사랑할 수 있을 때
힘껏 사랑하세요

꽃이 꺾일 때면 눈물이 납니다.
그분도 우리가 세상에 꺾일 때면
가슴에 울음을 가지십니다.
늘 세상에 대해 승리할 수 있다면
우리도 그분도 기뻐할 수 있습니다.

사랑할 수 있을 때
힘껏 사랑하세요

불의와 타협하지 마세요.
우리의 약함으로 인하여
움츠리며 겁을 내지 마세요.
비굴하지 말고 당당히 맞서야 합니다.
그분은 단 한번도
세상과 타협하지 않으셨어요.

28

사랑할 수 있을 때
힘껏 사랑하세요

들풀에도 스며든
그분의 사랑을 느껴보세요.
그리고 그대를 사랑하는 그분의 마음을
헤아려 보세요.
진하게 흐르는 그분의 사랑이
잔잔하게 전해져옴을 느낄 수 있답니다.

사랑할 수 있을 때
힘껏 사랑하세요

고된 일을 마치고 쉴 수 있는
집과 가정을 주신 그분께 감사하세요.
가정은 작은 천국이란 말이 있지 않아요.
그러한 가정을 소중히 하세요.
내가 먼저 가정을 지키도록 하세요.

사랑할 수 있을 때
힘껏 사랑하세요

재미있는 곳에서 혼자 찌푸리지 마세요.
모두가 즐거운 가운데 혼자 찡그리게 되면
분위기가 어색해 집니다.
같이 기뻐하는 것도
사랑의 적극적 표현입니다.

사랑할 수 있을 때
힘껏 사랑하세요

신문을 읽도록 하세요.
많은 상식은 우리의 생활 속에
곧잘 도움을 주게 됩니다.
상식의 반대는 무식인가요?

사랑할 수 있을 때
힘껏 사랑하세요

자신의 일에 감사하세요.
남의 것만 부러워 하게 되면
늘 나의 일은 불만으로 가득하게 됩니다.
무엇보다도 자신의 일이 소중하답니다.
그 일은 바로 그분이 주신 나의 일이니까요.
나의 일에 게을러서는 안됩니다.

사랑할 수 있을 때
힘껏 사랑하세요

일을 할 때에는 기쁘고 즐겁게 하세요.
콧노래를 부르며 일을 할 수 있다는 것은
여간 행복한 일이 아니랍니다.
많은 일들도 신나게 한다면
빨리 끝낼 수가 있어요.
그리고 그 일을 주신 그분께 감사하세요.

사랑할 수 있을 때
힘껏 사랑하세요

모이세요.
그리고 함께 부대끼고
몸을 부닥치고, 얼굴을 맞대며
사랑을 나누세요.
땀을 흘리고 엉키고 하는 가운데
우정과 한 마음을 배울 수 있답니다.

사랑할 수 있을 때
힘껏 사랑하세요

좋은 땅에 뿌려진 하늘 씨앗의 결실은
보는 이로 하여금 풍성함을 느끼게 합니다.
우리는 어느 땅에 뿌려졌나요
돌밭인가요? 가시덤불 속인가요?
아니면 기름진 옥토인가요?

사랑할 수 있을 때
힘껏 사랑하세요

자연과 환경을 사랑하세요.
자연을 더럽히기는 쉽고 빠르지만
그분의 창조 세계로 회복시키려면
많은 시간과 노력을 들여야 합니다.
하늘이 깨끗하면 좋잖아요.

사랑할 수 있을 때
힘껏 사랑하세요

그분의 말씀을 늘 묵상하고 정리하세요.
그 안에는 값진 보화가 가득하고
하늘의 비밀을 풀 수 있는 열쇠가 있답니다.
또 우리의 마음속을 생명의 진리로
풍성하게 합니다.

사랑할 수 있을 때
힘껏 사랑하세요

떨어지는 낙엽 속에 깃든
그분의 섭리를 생각해 보세요.
한 치의 오차도 없이
매년 규칙적으로 떨어지는 낙엽처럼
우리의 삶에도 그분의 계획하심이
규칙처럼 펼쳐지십니다.

사랑할 수 있을 때
힘껏 사랑하세요

마음껏 기뻐할 수 있다는 것은
많은 감사를 하고 있다는 것입니다.
감사는 곧 마음의 평안을 주게 되니까요.
평안한 마음은 따뜻한 사랑을 전할 수 있는
기초가 된답니다.
늘 감사하도록 해 보세요.
생활에 기쁨이 가득해 질거예요.

사랑할 수 있을 때
힘껏 사랑하세요

그분을 찬양하도록 하세요.
목소리 높여 그분을 부르거나
서투른 솜씨지만 악기를 퉁기며
건반을 두드리고,
그분을 높여 드리세요.
그분은 열방을 다스리시는 분입니다.

# 사랑은 대충 해서는
# 안된다.

'이번에는 이쯤에서 튕겨야지

그래야지 내가 귀한 줄 알지'하는 따위의

생각을 가진 사람은 사랑을 할 자격이 없다.

사랑을 대충 한다는 것은

사랑의 가치를 떨어뜨리는 것이다.

사랑을 할때 50점짜리 사랑을 해서는 안된다.

사랑은 항상 100점이어야 한다.

그만큼 사랑은 값지고 귀한 것이다.

그분의 사랑은 늘 전부 주는 것이었음을

잊지 말아야 한다.

신난다는 것은 삶의 열중을 의미한다.

사랑한다는 것도 바로 열중한다는 것이다.

그러므로 사랑을 하면 신이 나는 것이다.

사랑할 수 있을 때
힘껏 사랑하세요

추수를 하게 되면 가장 값진 것으로
그분께 드리도록 하세요.
정성스럽게 골라서
감사하는 마음으로 드리세요.
아까워해서는 안됩니다.
왜냐구요?
그분이 모두 주신 거잖아요.

사랑할 수 있을 때
힘껏 사랑하세요.

편안함을 느끼세요.
그분이 주신 참 평안과 찌푸림과는
어울리지가 않아요.
마음의 근심은 생활의 전부를
어지럽게 하기도 합니다.

사랑할 수 있을 때
힘껏 사랑하세요

유혹의 손짓에 눈 돌리지 마세요.
유혹에 지게 되면
자신의 계획들이 자꾸 미루어지게 되어
꿈을 이루지 못하게 될 수도 있어요.
결단할 수 있는 사람이
성공하게 됩니다.

걱정 거리가 생기면
친구와 의논하세요.
어려움은 둘이 나누면
한결 가벼워진답니다.
의논도 사랑의 꺼리가 되니까요.
또 의논으로 문제가 해결된다면
얼마나 좋습니까.

사랑할 수 있을 때
힘껏 사랑하세요

사랑할 수 있을 때
힘껏 사랑하세요

마음이 시려울 때는
아름다웠던 지난 시간의
한 갈피를 곰곰이 접어보세요.
아름다운 추억은 마음을 흐뭇하게 하고
또 새로운 희망을 가지게 합니다.

사랑할 수 있을 때
힘껏 사랑하세요

가까이에 있는 누군가가
괴로움에 고민하고 있으면
부탁하지 않아도 곁에 있어 주세요.
필요할 때 곁에 있어주는 것이
사랑하는 사람에 대한 의무입니다.
그렇게 함께 있어주는 것도
큰 위안이 될 것입니다.

사랑할 수 있을 때
힘껏 사랑하세요

누군가에게 도움을 청했을 때
상대방이 도와주기를 거절하여도
미워하지 마세요.
그에게도 특별한 사정이 있었을 겁니다.
작은 오해로 인해 지금까지 쌓아온 사랑이
허물어져서는 안되니까요.

사랑할 수 있을 때
힘껏 사랑하세요

열등감에서 벗어나세요.
자기 침체로 인해 기뻐하지 못하고
자신감을 잃어서는 안됩니다.
자신에 대한 사랑은
바로 하늘에 대한 사랑의 표현이니까요.

사랑할 수 있을 때
힘껏 사랑하세요

때때로 쉼을 가지도록 하세요.
열중 틈에 휴식은 재창조의 역할을 하니까요.
몸과 마음을 편히 해야만
다음 일에 더욱 힘을 낼 수 있습니다.
그분도 창조 후 마지막 날은 쉬셨답니다.

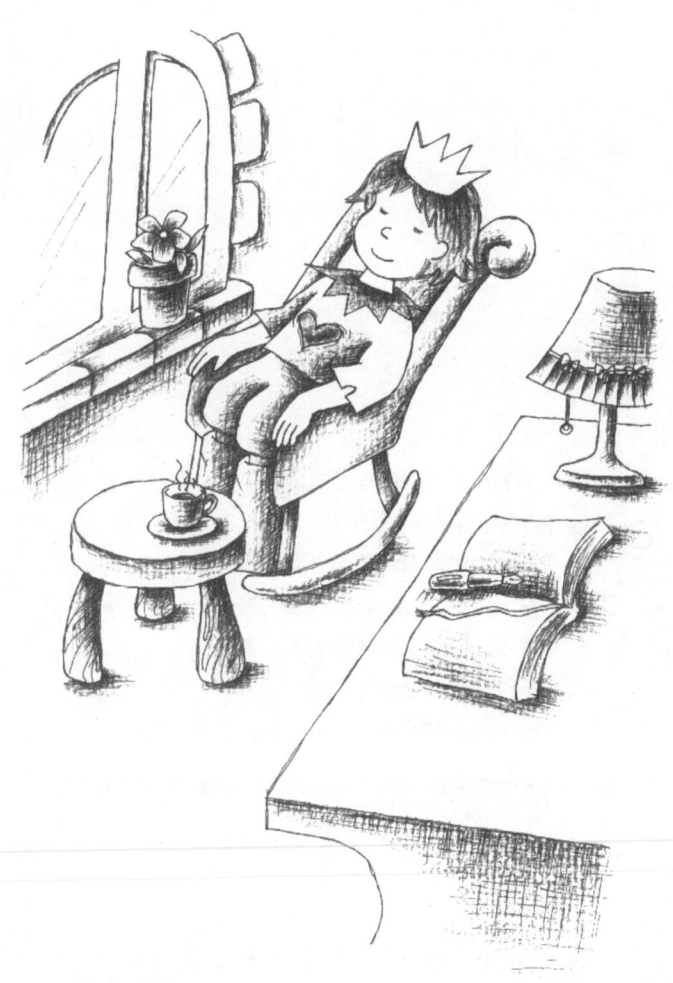

사랑할 수 있을 때
힘껏 사랑하세요

새로운 시작과 해야 할 것들이
눈앞에 있을 때
먼저 그분께 의뢰하도록 하세요.
나만의 지혜대로 하지 말고
그분의 뜻을 구해보세요.
세상의 길과 그분의 길을
가르쳐 주신답니다.

사랑할 수 있을 때
힘껏 사랑하세요

누군가가
그대 어깨를 필요로 할 때면
주저 없이 내어 주세요.
누군가 기댈수 있는 어깨를 가진다면
그것도 행복한 일이랍니다.
그분은 아들도 내어 주셨답니다.

사랑할 수 있을 때
힘껏 사랑하세요

어린 시절의 추억을 생각하고
어린 아이의 마음을 받아들이세요.
어린 아이에게는 거짓이 없답니다.
어린 아이는 그분의 축복입니다.

사랑할 수 있을 때
힘껏 사랑하세요

기쁨은 그분의 선물입니다.
또한 함께 기뻐할 수 있다는 것은
참 아름다운 그분의 세계와
멋지게 어울릴 수 있습니다.
항상 기뻐하십시오.

사랑할 수 있을 때
힘껏 사랑하세요.

세상을 한번 거꾸로 보세요.
어렵게 얽혀만 있던 일들이
바뀌어 보일 수도 있고
자신이 몰랐던 새로운 길과
방법들을 알 수도 있습니다.
상대편의 입장도 이해할 수 있구요.

사랑할 수 있을 때
힘껏 사랑하세요.

자연을 벗삼아 보세요.
따스한 햇볕속에서도,
시원한 바람결에도,
나부끼는 낙엽들에게서도
온 세상에 가득한
그분의 숨결을 읽을 수 있답니다.

사랑할 수 있을 때
힘껏 사랑하세요

미래와 꿈을 위해 노력하세요.
소망을 가지고 땀을 흘리면
성장하게 되고
미래의 그림과 닮아가게 됩니다.
소망을 잃어버리고
무기력하게 살아가서는 안됩니다.
늘 푯대를 바라보며 진취적으로
살아가세요.

사랑할 수 있을 때
힘껏 사랑하세요

운동과 취미를 가져보세요.
규칙적인 운동은 건강을 가져다주고
한 가지 취미는 짜투리 시간을
풍성하게 합니다.

어릴적 친구를 소중히 하세요.
이 다음에 커서도 어릴적 마음 때문에
무척이나 순수하고 즐겁답니다.
어릴적 추억 때문에
어른이 되어서도 그때처럼 순수함으로
우정을 나누게 됩니다.

사랑할 수 있을 때
힘껏 사랑하세요.

사랑할 수 있을 때
힘껏 사랑하세요

어린 아이와 놀이를 할 때는
그들의 표현과 방법에 맞추세요.
그런데 우리 어른들은 자기의 것만을
고집하고 강요하는 일이 흔합니다.
어린 아이의 시선으로 바라보세요.
그것이 바로 눈높이입니다.

사랑할 수 있을 때
힘껏 사랑하세요

무한하신 그분의 창조 세계를
느껴 보세요.
빛과 어두움을 통해 그분은
자신의 뜻을 나타내십니다.

사랑할 수 있을 때
힘껏 사랑하세요

노동도 그분이 주셨지만
노동 중에 쉼도 그분이 주셨답니다.
안락하고 편안한 의자도 좋겠지만
진짜 쉼은 그분을 바로 알았을 때
가지게 됩니다.

사랑할 수 있을 때
힘껏 사랑하세요

누군가가 그대에게
무엇인가를 설명하려고
할 때는 진지하게 들어주세요.
설령 이해가 안되는 얘기라도.
그분도 매일 수많은 소리들의 기도를
들어주십니다.

# 아집과 사랑은 다르다.

자기 고집대로만 사랑을 해서는 안된다.
또 사랑하는 이에게 자기의 주장만을
고집한다는 것은 너무 이기적인 것이다.
사랑은 자기 중심적인 것이 아니고
상대편 중심에서 이해하는 것이다.
아집과 사랑은 다르다는 것을 알고
나먼저 생각하는 사랑보다는
상대편의 입장과 상황을 생각하는
타인 중심의 사랑을 하도록 하자.

생각을 한다는 것은 소망을 품는 것이다

사랑을 한다는 것도 소망의 꽃을 피우게 되는 것이다.

사랑할 수 있을 때
힘껏 사랑하세요

내 안에 있는 능력을 충분히 발휘하세요.
그것은 그분이 주신 달란트입니다.
땅에만 묻어두는 미련한 자가 되어서는
안됩니다.
힘에 버거웁고 고통스러울 때도 있겠지만
꿈을 이룬다는 것은 소중한 것이니까요.

104

사랑할 수 있을 때
힘껏 사랑하세요

그분과 친구에게 정직하세요.
너무 허풍을 떨게 되면
진실된 부분이 적어지게 된답니다.
진실을 잃어버리게 되면
사랑의 순수함도
믿지 못하게 될 수도 있습니다.

사랑할 수 있을 때
힘껏 사랑하세요

비전을 가지세요,
세계를 품을 만큼.
그분의 목적에 합당한 비전으로
밤새워 기도하며 비전을 키우세요.
미래를 품었다는 것은
새 힘을 가지게 합니다.

사랑할 수 있을 때
힘껏 사랑하세요

누군가에게 잘못을 했을 때는
웃는 얼굴로 사과하세요.
친구도 그런 마음을 이해할 겁니다.
억지 자존심때문에 사과하지 못한다면
그것이 더욱 자존심을 먹칠하는 것이 됩니다.

사랑할 수 있을 때
힘껏 사랑하세요

누군가가 도움을 필요로 한다면
망설이지 말고 도와주세요.
당신에게 도움이 필요해서 찾아왔는 데
외면해 버린다면 너무나 슬프겠죠.
사마리아 여인도 망설임이 없었답니다.

사랑할 수 있을 때
힘껏 사랑하세요

자신보다 덩치가 크다고
멀리 하거나 두려움을 가질 필요는 없어요.
우리에게 진짜 필요한 것은
외모가 아니라 속사람이니까요.
속사람을 살찌우기 위해
우리는 많은 노력을 해야 합니다

사랑할 수 있을 때
힘껏 사랑하세요

나이 드신 분들과 함께 하는
시간을 가지세요.
그분들을 소외하게 해서는 안됩니다.
그분들은 오랜 시간동안
당신을 꽃처럼 아름답게 기르셨답니다.

사랑할 수 있을 때
힘껏 사랑하세요

가쁜 숨을 가다듬고
여유를 가지세요.
화를 낸다고 해서
정해진 순서가 바뀌지는 않습니다.
질서를 지키는 모습이
평화로운 모습입니다.

사랑할 수 있을 때
힘껏 사랑하세요

어린 아이와 같은 마음을 가지세요.
그리고 어린 아이를 사랑하세요
그분은 유난히 어린 아이를
좋아하셨답니다.

사랑할 수 있을 때
힘껏 사랑하세요

아무리 바쁘더라도
자신을 돌아보는 일을 잊지 마세요.
그래야만 똑같은 실수를
두번 반복하지 않게 되니까요
자기 점검은 바쁠 때일수록
필요합니다.

사랑할 수 있을 때
힘껏 사랑하세요

새처럼 날 수 있다고 생각해 보세요.
앞에 닥친 일들이 어렵다고
걱정만 하지말고 방법을 찾아 보세요.
그분이 지혜를 주실 겁니다.

사랑할 수 있을 때
힘껏 사랑하세요

우리에겐 무한한 가능성이 있습니다.
또한 많은 도전도 있습니다.
회피하지 말고
그 분의 방법대로 시도해 보세요.
그래야만 얻을 수 있답니다.

사랑할 수 있을 때
힘껏 사랑하세요

무엇을 하게 되더라도
땀을 흘리고 최선을 다하세요.
작은 일에 성실한 사람이
큰 일도 능히 해낼 수 있다고 합니다.
내일로 미루는 습관은
성공을 미루는 것과 같습니다.

사랑할 수 있을 때
힘껏 사랑하세요

친구들과 가끔 사진을 찍도록 하세요.
세월이 지난 뒤
함께 이야기할 수 있는
좋은 꺼리가 됩니다.

사랑할 수 있을 때
힘껏 사랑하세요

가족을 위해서 음식을 준비해 보세요.
손수 만든 음식에는
정성과 사랑이 담겨 있답니다.
그분도 우리를 손수 치으셨습니다.

사랑할 수 있을 때
힘껏 사랑하세요

승부와 경쟁에만 집착하게 되면
무슨 일이든 빡빡하게 됩니다.
조금은 넉넉한 마음으로 임해 보세요.
여유롭다는 만족감이 있을 겁니다.

사랑할 수 있을 때
힘껏 사랑하세요

사랑하는 이를 위해 파티를 준비하세요.
그것은 아름다운 일이랍니다.
조금은 촌스럽더라도
기분을 들뜨게 하며
사랑하는 이의 마음을
기쁘게 한답니다.

사랑할 수 있을 때
힘껏 사랑하세요

나만이 가질 수 있는 행복감이 있다면
그것은 기쁜 모습일 것입니다.
왠지 모를 그 기쁨 속에
그분이 주신 나만의 그림이 숨어 있거든요.
그 그림은 소중한 그림입니다.

사랑할 수 있을 때
힘껏 사랑하세요

어린 아이들과 함께 놀아주고
이야기를 나누어 보세요.
금새 어린 아이와 같은 순수함이
가득해 질 것입니다.
그 분도 어린 아이와 같아지라고 하셨죠.

사랑할 수 있을 때
힘껏 사랑하세요

늙으신 아버지와 대화의 시간을 가지세요.
그분과 기도로 대화하지 않으면
그분의 뜻에 민감하지 못한 것처럼
아버지와의 대화가 없으면
가정의 난로가 추워질 수 있습니다.

사랑할 수 있을 때
힘껏 사랑하세요

변명하지 마세요.
둘러대는 변명으로 친구들이
더욱 화를 낼 수도 있거든요.
잘못을 시인하는 용기가
믿음을 더하게 됩니다.
우정은 신뢰입니다.

사랑할 수 있을 때
힘껏 사랑하세요

그분을 신뢰하세요.
그분이 미지의 세계로 이끌지라도
우리의 가야할 길과 필요로 하는 것이
무엇인지 알고 계시니까요.
그것이 사랑의 진실된 표현입니다.

# 꿈이 있는 그림묵상 시리즈

## 사랑할 수 있을 때 힘껏 사랑하세요

정지홍 지음 / 박아영 그림 / 5,000원

이젠 머뭇거릴 시간이 없습니다!

사랑하기에도 너무 짧은 시간이기에 사랑하는 이에게 꽃 한송이도 건네지 못하고 휙- 지나가 버릴 수가 있습니다.

어느새 의무가 되어버린 사랑의 권리를 행사하기 위하여 사랑할 수 있을 때 힘껏 사랑하세요. - 본문 중에서

## "사랑해요"라고 말하세요

정지홍 지음 / 박아영 그림 / 5,000원

"사랑해요"라고 말하세요.

이 짧은 말 한마디가 온세상을 행복하게 한답니다. 이 말은 매우 값진 말입니다. 바라볼수록 사랑하게 만듭니다. 어제 보았는데 오늘 또 보고 싶습니다. 아마 사랑은 보고 싶은 것인가 봅니다.

오늘, "사랑해요"라고 말하세요.

## 사랑이 살아가는 이유였습니다

톨스토이 지음 / 박아영 그림 / 5,000원

사랑의 마음으로 가득차 있는 사람, 하나님은 그 사람 속에 계십니다.

인간에게는 다만 자신의 일만을 생각하면서 살아가고 있는 것처럼 여겨질 뿐이지만, 실제로 인간은 오직 사랑의 힘에 의해 살아가고 있음을 깨달은 거예요. . . . 왜냐하면 하나님은 사랑이시기 때문입니다.

## 거인과 꼬마

오스카와일드 지음 / 박아영 그림 / 5,000원

사랑은 분명 주는 행복이 더 큰 것입니다.

자기만 아는 거인과 꼬마의 아름다운 사랑을 통하여 우리는 많은 것을 배울 수 있습니다. 바로 사랑은 받는 것보다 주는 행복이 더 큰 것이라는 소중한 아름다움을 말입니다. 마음속의 높은 담을 허무는 감격을 찾으십시오.

# Praise 1, 2

'예배는 곧 삶'이 되어야 하는 까닭에
참된 예배자로서 하나님을 찬양해야 하며
황폐화된 이 땅을 하나님 나라로의 회복과 주님의 주권 회복을 위해
하나님을 찬양해야 한다.
프레이즈는 청년과 청소년들을 위해
그들에게 맞는 곡들을 엄선하여 모은 찬양곡집이다.

프레이즈 1, 2
각권 3,500원

## 이 책의 특징

**Chapter 1 : 새노래**
새노래를 따로 분류함으로써 배움과 나눔에 있어서 효율성을 기했습니다.
그리고 각각의 새노래는 진행되는 차례와 주제에 맞게끔 재분류하였습니다.

**Chapter 2 : BEST SONG**
많이 드려질 수 있는 찬양을 따로 분류하여 곡선정에 도움이 되도록 했습니다.

**Chapter 3 : 경배와 찬양**
중심되는 찬양으로 주제별로 경배와 찬양, 간구, 감사,
기쁨, 헌신과 의탁, 구원, 선포, 선교와 전도, 치유와 회복,
영적전쟁과 승리 등을 포함하고 있습니다.

**Chapter 4 : 축복과 평안**
교제와 축복, 그리고 평안과 화합을 위한 찬양들을 따로 분류하였습니다.

**Chapter 5 : 특별찬양**
특송과 발표를 위한 찬양을 모았습니다.

# 입술의 열매 1

## 약(藥)이 되는 말

입술의 열매는 참으로 크다.
불과 몇 초 사이에 나가버린 입술의 한 마디가 몇·십년의
세월을 두고 한 영혼을 멍들게 할 수도 있고 절망으로 내려
가는 영혼을 소망의 언덕을 향해 달려가게 할 수도 있다.
"주 예수여, 당신의 나라에 임할 때 나를 기억하소서!"
이 한 마디로 강도도 낙원에 이르지 아니했는가!
이 책은 이런 의미에서 우리의 입술의 열매들을 풍성히 해
줄 언어들이 많음을 가르쳐 주고 있다.
이제 작은 말 한 마디로 세상을 살려보자.

꿈이 많은 사람 지음 / 214쪽 / 5,000원

## 주둥이를 닫고 입술을 열자. 소망을 날려보내자

# 입술의 열매 2

## 독(毒)이 되는 말

사람은 한평생 몇 마디의 말을 할까? 아마도 수억 번의 말
을 할 것이다. 이렇게 많이 휘두른 말에 맞아 몇 명이 경
상을 입고, 몇 명이 중상을 입고, 몇 명이 죽었을까?

이 책은 입술을 타고 흘러나오는 열매 중에서 독(毒)과 같은
열매들을 모았다. 우리들이 알게 모르게 휘둘렀던 말들 가운
데 이러한 독소들이 들어있다면 이제 하나씩 제거하자.
이 책은 독을 약으로 바꾸는 좋은 길잡이가 될 것이다.
주둥이를 닫고 입술을 열자

꿈이 많은 사람 지음 / 214쪽 / 5,000원

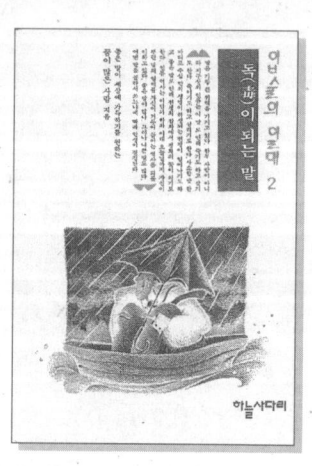

## 사랑할 수 있을 때 힘껏 사랑하세요

지은이 ▪ 정지홍   그림 ▪ 박아영
펴낸이 ▪ 이원우   초판 1쇄 펴낸날 ▪ 1995년 2월 20일   초판 8쇄 펴낸날 ▪ 1999년 11월 30일
펴낸곳 ▪ 하늘사다리(등록번호 제 10-1710호)
　　　　서울시 마포구 합정동 386-12 정은 B/D 202호   전화/3142-6618   팩스/3144-6620
공급처 ▪ 비전북   전화/(0344)907-3927   팩스/080-403-1004

ⓒ 1995 하늘사다리 ISBN 89-86367-02-5   03230   값 6,000원